Marta Martínez

Disfruta con MI DIETA VEGANA

Recetas sanas y sencillas para tu día a día

Kitsune Books

Índice

Mi dieta vegana

Durante muchos años fui vegetariana. Esta elección respondía a una motivación ética: para mí, lo más importante eran los animales, no la salud. Fue entonces cuando mi gato Birkin me llevó hacia el veganismo, un estilo de vida que excluye el consumo y el uso de todo tipo de productos derivados de animales. No obstante, era consciente de que mi alimentación no era del todo saludable y, debido a problemas de salud, busqué dentro del veganismo un tipo de alimentación mucho menos agresiva para mi cuerpo.

En esa época tenía problemas digestivos que se convirtieron en una pesadilla. Fue un punto de inflexión que me llevó a buscar un profesional de la salud que diseñara un plan de dieta efectivo, acorde con mis necesidades.

No se trataba solo de adelgazar; el objetivo era encontrarme mejor físicamente y conmigo misma. Y ese es el momento en el que, preocupada por enviarle a mi dietista demasiadas imágenes de lo que comía, nació la cuenta de Instagram de «Mi Dieta Vegana» (@midietavegana). Sin embargo, mi dietario personal creció desmesuradamente. ¡Cómo iba yo a imaginarme que acabaría con miles y miles de seguidores! Nunca pensé que una motivación personal acabaría convirtiéndose en una realidad profesional. Desde entonces, he seguido formándome para ofrecer cada vez más y mejor información.

Gracias a las redes sociales, he podido dar a conocer este estilo de vida a muchas personas. El veganismo va muchísimo más allá de la comida: ropa, calzado, cosmética, productos de higiene y de limpieza…

Este libro es simplemente un práctico libro de desayunos veganos ricos y sencillos para todos aquellos que sigan este estilo de vida o quieran experimentar con otro tipo de alimentación. Además, muchas de estas recetas pueden prepararse y tomarse en cualquier momento del día, por lo que también podrás cocinar ligeros y sabrosos platos para la hora del almuerzo o la cena.

Te animo a que pruebes cada una de ellas y a que compartas con tus amigos y familiares los beneficios del veganismo. ¡Empieza bien el día!

Introducción

¿Qué desayuna un vegano?

De repente, cuando abrazamos el veganismo, nos podemos encontrar con que no sabemos ni qué leche echar al café. No podemos comprar los bollos que antes comíamos, ni las galletas, ni los yogures, ni tantas otras cosas que habían formado parte de nuestro desayuno durante años. Empezamos a buscar en Instagram, blogs, foros o YouTube y vemos recetas complicadas, con ingredientes que no conocemos y que incluso no sabemos pronunciar.

Además, leemos etiquetas y nos damos cuenta de que no sabemos descifrarlas. ¿Qué nos llevamos a la boca realmente? Con este libro intento responder algunas de las dudas que puedas tener y ofrecerte una pequeña muestra de la gran variedad de opciones que existen si optas por incluir platos vegetales en tu dieta o hacer una transición hacia el veganismo.

¿Hay recetas sabrosas 100 % vegetales?

¡Claro que sí! Vas a descubrir que, en realidad, las opciones son infinitas y que variar de desayuno según la rutina de nuestro día es una gran idea. El veganismo me ha hecho descubrir la cocina y la cultura de otras partes del mundo, algunas muy lejanas, y a apreciar la sabiduría y la historia que hay en sus platos. Podemos dar gracias por la cantidad de productos que tenemos al alcance y las técnicas culinarias saludables que nos llegan con tanta facilidad. Te animo a que no te quedes en la superficie y a que aprecies la variedad en su totalidad.

Comer bonito, comer sano

El acto de comer no empieza cuando nos llevamos una cucharada de un plato a la boca. Empieza mucho antes, cuando nos ponemos a pensar en qué es lo que vamos a comer y lo visualizamos. Esta es una información muy importante para el cerebro y todo el aparato digestivo. Personalmente, he notado lo importante que es tomarse tiempo para preparar cualquier cosa que vayamos a comer. Por eso, me parece esencial emplatar de forma visualmente atractiva.

Cuando organizamos y decoramos el plato, vemos, tocamos y olemos los ingredientes, estamos en contacto con la comida. También damos tiempo al cuerpo para que se prepare. La digestión es un proceso químico complejo, con muchas fases, y nos sentiremos mejor siempre que dejemos que nuestro organismo tenga el tiempo necesario para llegar a todas ellas. Y es que ponernos a engullir sin más, algo que hacemos demasiado a menudo, es el origen de muchos de nuestros problemas de salud.

Hace mucho tiempo que dedico un buen rato a preparar mis platos. A veces pensamos que no tenemos tiempo para hacerlo, pero es porque priorizamos otras cosas. Cuidar nuestro cuerpo requiere tiempo. Nos comportamos como si solo trabajase nuestro pobre estómago, al que tenemos bastante maltratado. Siempre que puedas dedicar unos minutos a la presentación de tus platos, hazlo, y prioriza masticar bien todo lo que comes.

Elegir los ingredientes por su aspecto es importante. El color, la forma y la disposición de los alimentos nos ayudan a digerirlos. Sin embargo, en ocasiones también debemos salir de nuestra zona de confort y elegir alimentos que no sean tan redondos, brillantes o bonitos. Ir a los mercados de productores locales y descubrir variedades olvidadas puede darte muchas sorpresas. Sin duda, consumir alimentos locales y variedades propias hará que nuestra cesta de la compra sea mucho más barata y, además, es una forma sencilla de ayudar al medio ambiente.

Desayuna bonito y vegano

¿Sabes cuál es el desayuno perfecto? En realidad no existe. Lo más importante es llevar una dieta equilibrada con la que no nos falte ningún nutriente. ¿Esto quiere decir que tenemos que comer de todo? No, quiere decir que tenemos que aprender a diseñar nuestra dieta de forma que no nos falte de nada y, poco a poco, eliminar aquellos alimentos que solo aportan calorías vacías y escasos nutrientes.

Imagina ahora tu desayuno ideal. Es posible que visualices un café con leche, un zumo de naranja y un cruasán o unas tostadas con mantequilla. Un desayuno que incluye fruta es estupendo, pero es mucho mejor comer una pieza de fruta completa, con su fibra. Si las tostadas son de pan integral, perfecto, pero siempre es preferible añadir una grasa más saludable como puede ser la mantequilla de cacahuete o el aguacate. Tampoco debemos olvidarnos del resto de cereales. Si podemos comer pan de trigo, también podemos comer arroz, quinua, maíz, amaranto o cualquier otro cereal que se nos ocurra, siempre que no sea procesado y esté cocinado saludablemente.

Uno de mis trucos para comer de forma sana, hacer ejercicio y mantener mi rutina habitual es empezar el día con un buen desayuno. Si empiezas el día y la semana de la mejor de las maneras, es más fácil continuar con los buenos hábitos. Esto no significa que debamos desayunar nada más levantarnos, ni que tomar un desayuno concreto sea una mejor opción que otra. En este libro encontrarás recetas que encajarán perfectamente con los desayunos que quizá hayas imaginado y algunas que posiblemente te sorprenderán.

Todas mis recetas son muy sencillas, y algunas de ellas ni siquiera requieren cocción. Los ingredientes tampoco son difíciles de conseguir y siempre se pueden intercambiar por otros más accesibles si no los encuentras. Verás que no incluyo un tiempo de elaboración en algunas de las recetas; eso es porque, en realidad, están pensadas para prepararse en menos de quince minutos, por lo que son muy prácticas para aquellos días en los que se te pegan las sábanas.

Otras, a pesar de realizarse en pocos minutos, requieren una elaboración o preparación previa. Por eso, habrá una parte de las indicaciones que será mucho mejor seguir el día anterior o, incluso, durante el fin de semana. Planificar bien es uno de los secretos del éxito en la cocina cuando estamos aprendiendo. Improvisar, cuando ya tenemos las bases bien asentadas, dominamos la técnica y conocemos el producto, es otro.

Es importante que la harina y el pan que utilices sean realmente integrales. Mira las etiquetas de información nutricional e investiga, ya que muchos productos «integrales» están hechos con harina refinada a la que se añade salvado. El salvado y el germen de trigo son muy valiosos nutricionalmente.

También te recomiendo que utilices fruta fresca. Por ejemplo, si utilizas frutas del bosque congeladas, te darás cuenta de que son muy ácidas. Eso no ocurre con las bayas frescas y mucho menos con las que están recién recogidas y no proceden de un invernadero. Si optas por utilizar fruta fresca, adecúa la cantidad de edulcorante a la fruta que utilices.

Muchas veces resulta más recomendable utilizar frutas que provienen de productores cercanos o locales que comprar frutas muy vistosas pero que no están tan sabrosas. Personalmente, me gusta que la comida me entre por la vista, pero lo más importante es que me nutra adecuadamente.

Elaboración, proporciones y cantidades

No necesitas respetar a rajatabla las proporciones o cantidades para preparar la mayoría de recetas que encontrarás en este libro. Las indicaciones que te doy son orientativas, y siempre podrás experimentar y preparar las recetas de diferentes formas. La idea es que te atrevas a probar cosas nuevas, dediques tiempo a descubrir sabores y texturas que no conozcas y conviertas estas recetas en las tuyas propias.

Muchas de ellas pueden combinarse para crear un desayuno muy completo y saciante. Adapta y combínalas de acuerdo a tus necesidades y tu gasto nutricional. Si desconoces esa información, te recomiendo que acudas a un médico especialista o nutricionista.

Mis recetas

Mug cake de cacao

Hacer este delicioso *mug cake* de cacao es muy sencillo y solo te llevará unos minutos. Es el desayuno dulce perfecto, pero también resulta ideal cuando necesitas comer algo sólido y no tienes nada preparado. Lo mejor de todo es que no tienes que encender el horno: una taza, una cuchara sopera, otra de postre y un microondas son más que suficientes.

Ingredientes

6 cucharadas soperas rasas de harina de trigo integral
1 cucharada sopera de cacao puro en polvo
6 cucharadas soperas de leche vegetal
1 cucharada sopera de aceite vegetal suave
1 cucharada sopera de sirope de arce
½ cucharadita de postre de levadura química
Una pizca de sal

Modo de elaboración

1. Mezcla todos los ingredientes secos en un bol o una taza, aunque yo recomiendo la taza para evitar fregar utensilios de más. Después, añade los ingredientes líquidos y remueve con fuerza, mezclando todo bien. A mí me gusta utilizar el mango de la cuchara para hacerlo. La masa debe tener una textura similar a la de un bizcocho y no tener grumos.

2. Mete la taza en el microondas, cocina durante aproximadamente 2 minutos a máxima potencia y listo. El tiempo necesario dependerá de tu microondas y de los ingredientes que utilices.

Batido de arándanos

Este refrescante y colorido batido de arándanos me encanta por sus propiedades antioxidantes y lo rico que está. Es ideal cuando tu piel necesita cuidados y mimos extra.

Ingredientes

200 g de arándanos congelados
El zumo de 2 naranjas
Un puñado de hojas verdes (col rizada o espinacas, por ejemplo)
Jengibre fresco o en polvo
Un par de cubitos de hielo (necesarios según la batidora o el procesador que uses)
½ vaso de agua (opcional)

Modo de elaboración

1. Mete todos los ingredientes en la batidora o el procesador de alimentos que tengas a mano y mézclalos bien, hasta obtener una textura homogénea. Si no estás acostumbrado a los batidos, añadir medio vaso de agua te ayudará, pero lo ideal es salivar bien cada trago.

El hielo solo te hará falta si utilizas una batidora normal. Una batidora convencional calentará ligeramente el batido, y eso haría perder parte de los nutrientes.

2. Después, añade jengibre a tu gusto. Puedes utilizarlo tanto fresco como en polvo: si optas por el jengibre fresco, obtendrás un sabor más picante; en polvo, el sabor picante es menor, aunque la concentración de propiedades es mayor.

Leche vegetal de frutos secos

Hacer tu propia leche vegetal es muy sencillo y barato, y te ofrece la posibilidad de prepararla a tu gusto. Además, puedes hacerla con tus frutos secos favoritos. Para esta versión utilizo nueces de macadamia, pero también queda estupenda con anacardos o almendras.

Ingredientes

200 g de nueces de macadamia sin tostar
1 l de agua
2 dátiles, 1 cucharada sopera de sirope de arce u otro edulcorante al gusto (opcional)

Modo de elaboración

1. Pon los frutos secos en un bol con agua, cúbrelo con un paño de algodón y déjalo fuera de la nevera durante una noche. Por la mañana, escurre y descarta el agua.

2. En una batidora potente o un procesador de alimentos, vierte el agua y añade las nueces de macadamia. Bate a máxima velocidad durante algunos minutos, hasta obtener una textura líquida, sin trocitos de nueces.

3. Con un paño muy fino o una gasa de algodón (también hay bolsas específicas para hacer leches vegetales), cuela el líquido poco a poco, estrujando el paño o la gasa. Después, guarda la leche en un envase hermético y consúmela en menos de 3 días. Reserva los restos de nueces: los podrás aprovechar para otra receta.

4. Antes de servir, bate la leche con los dátiles, el sirope de arce o tu edulcorante favorito. También puedes añadir cacao puro o vainilla.

Quesito de untar casero

Una de las cosas que puedes preparar con los restos de frutos secos que utilices para hacer tu leche vegetal casera es queso de untar vegetal. Yo te propongo dos opciones: una salada y otra dulce. Úntalo en una tostada y acompáñalo con un batido o un zumo. ¡Está riquísimo!

Ingredientes para versión salada

Restos de frutos secos (ver receta anterior)
Sal
Ajo en polvo
Orégano
Levadura nutricional
Leche vegetal (opcional)

Ingredientes para versión dulce

Restos de frutos secos (ver receta anterior)
1 cucharada sopera de sirope de arce
Compota de manzana, mermelada o fruta (opcional)

Modo de elaboración del quesito de untar salado

1. Añade a los restos de frutos secos una pizca de sal, ajo, orégano y levadura nutricional al gusto. Este último ingrediente, con múltiples beneficios para la piel y el cabello, es lo que dará a la mezcla el sabor característico del queso.

2. Mezcla todos los ingredientes bien. Si obtienes una textura muy seca, añade 1 o 2 cucharaditas de postre de leche vegetal.

Modo de elaboración del quesito de untar dulce

1. Añade a los restos de frutos secos una cucharada sopera de sirope de arce. Una vez untado en el pan, siempre puedes añadir compota de manzana, mermelada o fruta.

Bocaditos energéticos

Tiempo de elaboración: 5 minutos
Sin cocción
Requiere preparar leche vegetal de frutos secos y zumo

Cuando haces zumos en la licuadora, ¿no sabes qué hacer con los restos? Si los mezclas con parte de los restos sólidos que te quedan al hacer tu leche vegetal, puedes preparar unas deliciosas bolitas energéticas, ideales para desayunar o matar el hambre.

Ingredientes

La pulpa sobrante del zumo hecho en la licuadora
Los restos sólidos de la leche vegetal
Coco rayado, trocitos de almendra o frutos secos (opcional)
Almendra molida
Dátiles o sirope de arce
Cacao puro o maca en polvo (opcional)
Espirulina (opcional)

Modo de elaboración

1. En un bol, mezcla la pulpa sobrante del zumo y los restos sólidos de la leche vegetal con las manos. Añade almendra molida hasta que adquiera la consistencia deseada.

2. Después añade los dátiles, bien triturados, o el sirope de arce. Una vez estén todos los ingredientes bien integrados, añade cualquiera del resto de los ingredientes opcionales.

3. Haz bolitas de tamaño pequeño con las manos, para comerlas en un par de bocados como mucho. No deberían quedar excesivamente pegajosas.

4. Recubre las bolitas con el coco rayado, los trocitos de frutos secos o cacao en polvo. La maca en polvo también es una excelente opción para endulzar y cubrir los bocaditos.

Gachas con frutos del bosque

Tiempo de elaboración: 5 minutos
Tiempo de cocción: 10 minutos

Las gachas de avena son el desayuno perfecto para esos fríos días de invierno en los que necesitas algo que te caliente el cuerpo. Además, pueden ser un postre ideal y rápido de preparar. Sin duda, esta es una receta muy nutritiva y saciante que te cargará las pilas y te encantará.

Ingredientes

100 g de copos de avena suaves
250 ml de leche vegetal (también puedes utilizar agua si vas a añadir muchos *toppings)*
Canela en polvo al gusto
Azúcar u otro edulcorante al gusto (opcional)
Un puñadito de frutos del bosque

Modo de elaboración

1. Calienta la leche en un cazo a fuego fuerte. Antes de que rompa a hervir, baja el fuego, añade los copos de avena y remueve continuamente para que no se peguen.

2. Después, añade azúcar o tu edulcorante favorito, si quieres darle un toque más dulce, y la canela en polvo. Remueve bien y apaga el fuego cuando adquiera una consistencia cremosa.

Variación: gachas con manzana

Si tienes un poco más de tiempo, otra opción es preparar una compota de manzana para acompañar las gachas. Para ello, corta la manzana en trocitos, métela en un cazo con agua y cuécelas hasta que estén blanditas. Después, añade la leche vegetal y sigue el procedimiento habitual.

Hummus de lenteja

Después del aguacate, el *hummus* es sin duda un alimento muy nutritivo con el que puedes acompañar cualquier plato o aperitivo. Unas tostadas con un poco de *hummus,* en este caso de lentejas, muy suave y cremoso, son un desayuno o una merienda ideal.

Ingredientes

250 g de lentejas cocidas
2 cucharadas soperas de *tahini* (crema de sésamo)
1 cucharada sopera de agua o caldo vegetal (si es necesario)
El zumo de 1 limón
2 cucharadas soperas de aceite de oliva virgen extra
Cilantro y ajo (opcionales para los más valientes)

Modo de elaboración

1. Mete todos los ingredientes en el procesador de alimentos o mézclalos con una batidora de mano hasta obtener una textura suave y sin grumos.

2. Si ves que queda demasiado espesa, añade una cucharada sopera de agua o caldo vegetal y vuelve a batir hasta que adquiera una consistencia cremosa, para untarlo en el pan.

Si te sobra, siempre puedes llevarte un tarro o recipiente con *hummus* y verduritas crudas cortadas. Podrás matar el hambre en cualquier parte.

Bocadillo crujiente de *hummus*

Los bocadillos son uno de los desayunos más comunes y un quebradero de cabeza cuando optamos por llevar una alimentación 100 % vegetal. Esta es una opción muy sabrosa y sencilla, ya que todos los ingredientes que utilizo suelen estar en nuestra cesta de la compra, y te sacará de muchos apuros.

Ingredientes

1 panecillo de harina integral (también puedes utilizar pan de sándwich o un bollito)
Hummus
1 tomate
Un puñado de hojas de lechuga (mi favorita es la trocadero)
Pepino o rabanitos
Pimentón (opcional)

Modo de elaboración

1. Lava bien el tomate, las hojas de lechuga y el pepino o los rabanitos. Después, corta el tomate en rodajas, la lechuga, en trocitos y el pepino o los rabanitos, en tiras o rodajas.

2. Abre el panecillo por la mitad y úntalo de *hummus*. Al utilizar *hummus* en bocadillos, conviene que tenga una consistencia espesa. Además, es importante extenderlo bien en ambos lados para que las hortalizas se queden pegadas al pan. Si lo deseas, este es el momento de añadir una pizca de pimentón.

3. Coloca todos los ingredientes en el bocadillo, ciérralo y disfruta de un sabroso bocadillo que, además, podrás llevar a cualquier parte.

Otra opción es sustituir las hortalizas frescas por verduritas asadas o a la brasa, como berenjena o pimiento, o escalivada.

Bocadillo vegetal con *tempeh*

Este es una receta algo más sofisticada que la anterior y que además incluye el derivado de la soja más valioso después del miso: el *tempeh*. El *tempeh* es un producto típico de las cocinas del sureste asiático hecho a partir de granos de soja fermentados con una gran cantidad de proteínas y nutrientes. Es muy sencillo de cocinar y puede utilizarse como sustituto de la carne.

Ingredientes

1 panecillo de harina integral (también puedes utilizar pan de sándwich o un bollito)
4 o 5 tiras de *tempeh*
Paté de aceitunas verdes
1 puñado de hojas de rúcula
1 tomate
Aceite de oliva

Modo de elaboración

1. Como en la receta anterior, unta el paté de aceitunas en ambas rebanadas del panecillo y coloca las hortalizas, lavadas y cortadas.

Cuando preparamos bocadillos, los patés vegetales son el «pegamento» y también el condimento ideal, así que siempre será mejor si utilizamos uno casero, con una textura densa y en abundante cantidad.

2. Te recomiendo que compres *tempeh* listo para usar si no estás familiarizado con este producto. Córtalo en tiras finas y cocínalo a la plancha, con unas gotitas de aceite. Después, coloca las tiras de *tempeh* en el bocadillo, cierra y disfruta.

Vegetables
FRUIT JUICE

Falsos huevos revueltos

Estos falsos huevos revueltos tienen una textura, un color y un sabor muy similar a los de la receta tradicional. Son ideales para esas lentas y perezosas mañanas de domingo. Acompáñalos con tus verduras favoritas y tendrás un rico y completo almuerzo.

Ingredientes

120 g de tofu sedoso
2 cucharadas soperas de aceite de oliva
½ cucharada sopera de cúrcuma en polvo
Pimienta negra molida al gusto
4 g de sal negra del Himalaya (opcional)

Modo de elaboración

1. Escalda el tofu durante 5 minutos en agua hirviendo. (Otra opción es tenerlo preparado con antelación, ya que el tofu cocido se conserva perfectamente en la nevera). Deja que se enfríe un poco y desmenúzalo con las manos en un bol.

2. Añade la cúrcuma, la pimienta y el aceite, y mezcla todo con las manos.

3. Calienta una sartén con una gota de oliva y esparce la mezcla. Cocina a fuego lento y remueve bien.

4. Una vez no esté muy caliente, añade la sal negra del Himalaya, que hará, por su contenido en minerales, que el tofu revuelto nos recuerde a unos huevos revueltos convencionales.

5. Sirve los falsos huevos revueltos sobre una tostada de pan y acompáñalos con las verduras o las frutas que más te gusten para disfrutar de un verdadero desayuno de campeones.

Arroz y sopa de miso

Esta receta inspirada en la cocina asiática es uno de los desayunos más completos que te podrás llevar a la boca. Perfecto para los días de intenso ajetreo y desgaste físico. Pruébalo. ¡Te sorprenderá!

Ingredientes

80 g de arroz
Brócoli u otros vegetales (opcional)

Para la sopa de *miso*

1 bol de caldo de verduras
1 cucharadita de postre de *hatcho miso*
25 g de tofu blando
1 cucharada sopera rasa de alga *wakame*
en copos
Gomashio (opcional)

Modo de elaboración

1. Lava y corta el brócoli en trocitos pequeños. Si no vas a incluir los tallos, resérvalos para hacer una crema o una sopa en otro momento.

2. En un cazo, hierve el arroz siguiendo las indicaciones y añadiendo el agua necesaria para la variedad que hayas seleccionado. Al mismo tiempo, cocina al vapor el brócoli, al dente. Retíralo del fuego, ponlo en un bol con hielo o agua fría y escurre al cabo de unos minutos. El arroz tardará bastante y es conveniente que lo vigiles para que no se pase ni se pegue.

3. En otro cazo, calienta el caldo de verduras sin llevarlo a ebullición. Añade el tofu y los copos de alga *wakame*. Cuando los copos estén blandos, baja el fuego y añade la cucharada de miso. Remueve hasta que se deshaga por completo. El miso nunca debe hervirse, ya que pierde todos sus beneficios. Si optas por utilizar *gomashio*, añádelo ahora para darle un toque especial a la sopa.

Pudin de chía con frutas

Tiempo de elaboración: 10 minutos

Sin cocción

Requiere preparación previa

Las semillas de chía son uno de los alimentos de moda. Son una gran fuente de fibra, antioxidantes y ácidos grasos omega 3 vegetal, algo a tener en cuenta si sigues una dieta vegana. Hay dos formas de consumirla: molida o activada. Molida, la podemos usar como si fuese una especia, aunque no añade ningún sabor a los platos. En esta receta vamos a activarla y a aprovechar su sustancia gelatinosa.

Ingredientes

1 cucharada sopera de semillas de chía
100 ml de leche vegetal o agua
Canela, jengibre o cualquier especia en polvo (opcional)
Fruta de temporada cortada
Azúcar u otro edulcorante (opcional)

Modo de elaboración

1. Metemos dentro de un tarro de cristal todos los ingredientes, a excepción de la fruta. Remueve bien y deja reposar unos 5 minutos. Vuelve a remover y deja reposar otros 5 minutos. Cuanto más tiempo repose la mezcla, más espesa será su consistencia.

Si por la mañana no tienes tiempo, puedes dejarlo reposar toda la noche. A la mañana siguiente, tendrás que añadir un poco más de líquido y remover de nuevo.

2. Coloca la fruta fresca, lavada y cortada. También puedes utilizar tus frutos secos favoritos.

Añade el edulcorante que prefieras, aunque no te hará falta si eliges fruta bien madura.

Parfait de fruta y yogur

Otra de las infinitas opciones que nacen de combinar diferentes ingredientes en capas. Lo podemos hacer el día anterior o al momento. Esta receta es una de mis favoritas y además es muy vistosa, ideal para los que necesitan que la comida les entre por los ojos.

Ingredientes

1 yogur vegetal natural sin azucarar
1 taza de arándanos o de fresas
4 o 5 cucharadas soperas de pudin de chía (ver receta anterior)
4 o 5 cucharadas soperas de muesli integral en copos
20 g de frutos secos (opcional)
Azúcar u otro edulcorante (opcional)

Modo de elaboración

1. Prepara el pudin de chía con anterioridad o en el momento, si tienes tiempo. Trocea las fresas y lávalas. Si utilizas arándanos, solo necesitarás lavarlos.

2. Coloca todos los ingredientes en un vaso o un tarro hermético (si te lo vas a llevar a la oficina o a clase) por capas. Puedes empezar vertiendo la mitad del yogur, seguir con una capa de muesli, una capa de pudin de chía, las fresas o los arándanos y los frutos secos (si decides añadirlos).

3. Repite todo el proceso hasta crear tantas capas como quieras. También puedes experimentar y combinar los elementos en el orden que quieras, siempre teniendo en cuenta que la cantidad de muesli y yogur que utilices sea, como mínimo, igual.

Smoothie de plátano y cáñamo

Aunque estén de moda, ¡no todos los batidos son verdes! Esta es la receta ideal si haces deporte o tienes mucho desgaste físico: la combinación perfecta de energía y proteínas.

Ingredientes

2 plátanos maduros
1 cucharada sopera rasa de semillas de cáñamo peladas
2 cucharadas soperas colmadas de muesli con copos blandos
100 ml de leche vegetal

Modo de elaboración

1. Pela y trocea los plátanos maduros y métos en la batidora o en tu procesador de alimentos.

A menudo, encontrarás en la frutería los plátanos muy maduros a muy buen precio. Compra una buena cantidad, pélalos, trocéalos y congélalos si no los puedes utilizar en el momento. Así ahorrarás tiempo y dinero, además de que tendrás «combustible» de reserva cuando tu cuerpo lo necesite. La fruta congelada es ideal para añadir a los batidos verdes o para hacer helados saludables.

2. Añade la leche vegetal y el resto de ingredientes y bate bien. Si está demasiado espeso para ti, puedes añadir más leche hasta obtener la consistencia deseada. También puedes optar por no utilizar el muesli. Seguirá estando delicioso, aunque la textura será diferente.

Smoothie tropical

El batido ideal para los que no comen fruta o los que no tienen tiempo. Aunque tomarse una pieza de fruta sin procesar es siempre lo más recomendable, esta es, sin duda, la segunda mejor opción.

Ingredientes

1 mango
200 g de piña
200 ml de agua de coco ecológica o leche vegetal
Cubitos de hielo (opcional)

Modo de elaboración

1. Mete la fruta pelada y troceada y el agua de coco en la batidora o el procesador de alimentos y bate. Como en la receta del *smoothie* de arándanos, te recomiendo que añadas los cubitos de hielo si utilizas una batidora convencional, ya que estas pueden calentar la mezcla y eliminar nutrientes.

Si no estás acostumbrado al agua de coco, también puedes utilizar cualquier leche vegetal que te guste.

Siempre que hagas batidos de frutas, te recomiendo seleccionar las piezas más maduras y no añadir edulcorante. Aunque si lo necesitas, añade una cucharada sopera de maca en polvo, con un alto contenido en aminoácidos, vitaminas y minerales.

Delicious
FRUIT JUICE
Ball
MASON

Quinua con verduritas

La quinua es un pseudocereal muy completo y beneficioso para nuestra salud. Empezar el día con un plato de quinua y verduras nos llenará de energía.

Ingredientes

100 g de quinua
200 ml de caldo de verduras
Un puñado de hojas de espinacas
1 pimiento
1 calabacín
1 cucharada sopera de aceite de oliva
100 g de setas de temporada o champiñones

Ingredientes para la salsa

50 ml de caldo de verdura
1 cucharada sopera de harina de garbanzo
1 cucharada sopera de aceite de oliva virgen
1 cucharada sopera colmada de levadura nutricional
Especias y/o semillas al gusto
Sal

Modo de elaboración

1. Pon el caldo en un cazo a fuego fuerte y llévalo a ebullición.

2. Lava la quinua en un bol con abundante agua para retirar la saponina, que vemos en forma de burbujas jabonosas al removerla. Retira el agua, aclara y añade la quinua al caldo cuando rompa a hervir.

Pon el caldo con la quinua a fuego medio y comprueba que esté cocinada cuando se haya absorbido el caldo. En caso de que todavía no esté cocida, añade más caldo.

3. Mientras tanto, lava y trocea el pimiento y el calabacín (o cualquier otra hortaliza que tengas en la nevera) y cocínalos al dente con muy poco aceite en una sartén. Añade la quinua para que coja sabor y las especias que más te gusten (curry, pimienta, *garam masala*, etc.)

1. Limpia con un trapo de algodón húmedo las setas. Trocéalas bien y saltéalas en un cazo con un chorrito de aceite. Siempre reservo algunas setas enteras para hacerlas a la plancha y añadirlas a la salsa o para decorar el plato.

2. Añade la harina de garbanzo, remueve durante un par de minutos, vierte el caldo y añade una pizca de sal y la levadura nutricional. Déjalo cocer durante 5 minutos y remueve de vez en cuando. Después, vierte parte de la salsa en la sartén con la quinua y mezcla bien.

3. Sirve la quinua con verduritas en un plato y añade más salsa, especias y/o semillas al gusto.

Mi batido verde con col rizada

Este es uno de mis batidos verdes favoritos, por sus múltiples propiedades. Además de todas las vitaminas y los nutrientes de sus ingredientes, incluye jengibre, un potente antiinflamatorio.

Ingredientes

1 puñado de hojas de espinacas
1 puñado de hojas de col rizada
1 manzana
2 zanahorias medianas
1 naranja
Jengibre fresco o en polvo (opcional)

Modo de elaboración

1. Lava y limpia bien todas las hojas, la manzana y el jengibre, en caso de que lo utilices. Pela la naranja y córtala en cuartos. Retira el tallo duro de la col rizada y descártalo.

2. Mete todos los ingredientes en la batidora o procesador, menos el jengibre, que lo añadirás rayado o en polvo. La opción en polvo tiene un sabor más fuerte que el jengibre fresco, por lo que en ese caso te recomiendo que utilices menos cantidad.

Si no empleas una batidora específica para batidos, añade hielo para que no se caliente la mezcla y se pierdan algunas de sus propiedades. Bate hasta obtener una mezcla homogénea y sin grumos. Si es necesario, añade agua.

Si tomas un batido verde todos los días, es importante utilizar diferentes variedades de verduras. Atrévete con el brócoli. Escáldalo durante 2 minutos en agua hirviendo y detén su cocción en un bol con agua fría o hielo antes de meterlo en la batidora o el procesador.

Zumo diurético

Me gustan mucho mas los batidos que los zumos. Con los batidos, aprovechamos todos los nutrientes que nos ofrecen los vegetales. Un secreto: si preparas un zumo diurético, asegúrate de que no lleve fruta. Un consejo: no lo tomes antes de ir a una larga reunión de trabajo, a clase o a entrenar.

Ingredientes

1 o 2 ramitas de apio
2 zanahorias
Un puñado de hojas de lechuga

Modo de elaboración

1. Lava la lechuga y el apio con sus hojas. Cepilla las zanahorias o, si no son ecológicas, pélalas.

2. Pasa todos los ingredientes por la licuadora en este orden: primero, el apio, después, las zanahorias y, por último, la lechuga. Reserva siempre la pulpa: puedes hacer unos ricos bocados energéticos o añadirla a cualquier salsa de *dippear* para darle cuerpo.

Versión de verano: zumo diurético con apio y sandía

Seguramente esta es la combinación más extraña que hayas oído jamás, pero es ideal, tanto por lo rico que está como por su efecto diurético. La sandía es una fruta que apenas tiene pulpa. Sin embargo, sí tiene mucha fructosa, así que te aconsejo consumirla con moderación.

1. Pasa el apio y la sandía por la licuadora y disfruta de un refrescante zumo.

Chupito de vitamina C

Este zumo verde de hojas de zanahoria y limón es una auténtica bomba de vitamina C. Y no solo por el limón, que añado para darle sabor, sino por las hojas de zanahoria. Estas delicias verdes eran el motivo por el que se cultivaban las zanahorias antes de que se empezara a consumir la raíz, como ocurre con la remolacha. Eso sí, si vas a consumir las hojas, busca zanahorias de cultivo ecológico.

Ingredientes

1 manojo de zanahorias ecológicas con sus hojas
1 limón
Jengibre rayado (opcional)

Modo de elaboración

1. Aprovechar las hojas de las zanahorias es supersencillo. Córtalas, remójalas en agua durante unos minutos y acláralas. Para evitar que el chupito tenga un sabor amargo, corta los tallitos y descártalos.

2. Pasa las hojas por la licuadora, añade el zumo de un limón y remueve bien. Si quieres, este es el momento de añadir jengibre rayado.

Te recomiendo empezar por un chupito porque es un zumo para valientes y amantes de las verduras, así que mejor ir poco a poco. Cuando estés listo para dar el siguiente paso, atrévete con un vaso entero.

Mañanas enrolladas

Desde América Latina nos llegan las tortillas de maíz. Este maravilloso ingrediente puede ser tu aliado si sigues una dieta sin gluten. Te recomiendo comprar tortillas auténticas y pasarlas por la sartén; el resultado es espectacular. Si no las encuentras, no te preocupes: también puedes preparar unos rollitos deliciosos con tortillas de trigo integral.

Ingredientes para el rollo de aguacate

1 tortilla de maíz o de trigo integral
½ aguacate
Un puñado de brotes verdes para ensalada
1 tomate
½ pimiento
Hummus

Ingredientes para el rollo de queso y champiñones

4 champiñones (o setas de temporada)
1 tortilla de maíz o de trigo integral
Un puñado de brotes verdes para ensalada
1 tomate
½ pimiento
Quesito de untar casero salado (ver receta)

Modo de elaboración

1. Unta las tortillas con el quesito de untar casero que habrás preparado con anterioridad o con un poco de rico *hummus* para añadir cremosidad al rollito de aguacate.

2. Coloca el resto de los ingredientes.

Para preparar el rollito de queso de untar y champiñones, cocina estos últimos en una sartén con un chorrito de aceite antes de colocarlos en las tortillas.

3. Por último, cierra las tortillas como si fueran burritos o fajitas. También puedes experimentar y añadir tus verduritas favoritas. ¡Las opciones son infinitas y sabrosísimas!

Bruschetta con funghi

O tostada con champiñones. Comer una tostada de pan con cosas es algo que tenemos muy interiorizado. Sin embargo, más allá de la tostada con mantequilla y mermelada o embutido, hay muchas combinaciones ganadoras y saludables que harán que te chupes los dedos.

Ingredientes

2 rebanadas de pan integral grandes o 1 panecillo integral abierto por la mitad
1 tomate
4 champiñones grandes
1 cucharada sopera de aceite de oliva virgen extra
Un par de hojas de albahaca fresca o 1 cucharada sopera de *mix* de especias italianas
Sal o *gomashio* al gusto
Semillas molidas o levadura nutricional (opcional)

Modo de elaboración

1. Limpia los champiñones con un trapo de algodón limpio y húmedo. Trocéalos y cocínalos a la plancha con una cucharada sopera de aceite de oliva. Resérvalos.

2. Corta un tomate en daditos pequeños y escúrrelos. Ponlos en un bol, añade una cucharada sopera de aceite, una pizca de sal o *gomashio* y la albahaca, aunque siempre puedes sustituirla por un *mix* de especias italianas.

3. Tuesta el pan ligeramente y coloca el tomate y los champiñones.

Siempre puedes finalizar con semillas molidas de tu elección o una cucharada de levadura nutricional. Además de tomate, puedes añadir pimiento, rabanitos, cebolla, apio, col o cualquier otra cosa que se te ocurra. ¡Da alas a tu imaginación!

Ensalada vertical

Receta rápida
Requiere cocción y preparación previa

¿Quién dijo que las ensaladas eran solo para almorzar o cenar? Una buena ensalada con diversos ingredientes te aportará los nutrientes y las vitaminas que necesitas para despertar con alegría. Además, es una muy buena receta para cuando andas falto de inspiración. ¡Toda una combinación ganadora!

Ingredientes

1 tomate
80 g de arroz hervido
80 g de lentejas cocidas o 2 cucharadas de *hummus*
Un puñado de brotes verdes de ensalada
Un par de cucharadas de brotes germinados
Aceite de oliva
Orégano
Sal
Levadura nutricional y semillas molidas (opcional)

Modo de elaboración

1. En la parte de abajo, coloca el tomate, que es el elemento fresco más húmedo, junto con el aliño de aceite, sal y orégano. En las siguientes capas, pon el arroz hervido y las lentejas o el *hummus*. Después, añade los brotes verdes que más te gusten.

2. Arriba del todo, coloca aquellos ingredientes que agradecerás que no se humedezcan, como los germinados. También puedes añadir levadura nutricional y semillas molidas.

Al llenar el tarro hasta arriba queda menos aire dentro y la ensalada se conserva mejor. Pero si te lo vas a comer sin plato, deja al menos un par de dedos de margen para aliñarla bien.

Rollitos de *crudités*

Otra receta ideal para aquellas personas que siguen una dieta sin gluten. En este caso, utilizaremos papel de arroz, unas obleas que encontraremos en supermercados especializados y que cada vez son más accesibles. Te doy mi combinación favorita, pero, como siempre, ¡no hay reglas! ¡Usa tu imaginación y aprovecha todo lo que tengas en la nevera!

Ingredientes

Obleas de papel de arroz (1 oblea por rollito)
1 pimiento
1 calabacín
2 o 3 zanahorias
Un puñado de acelgas o cualquier hoja verde

Modo de elaboración

1. Lava bien todas las verduras y córtalas en tiras muy finas. Deberían tener aproximadamente la longitud de tu dedo índice.

2. Humedece la oblea de papel de arroz en un plato con agua durante unos minutos. Con las dos manos, sácala del plato con cuidado de no romperla y ponla sobre una superficie limpia y seca. Coloca los ingredientes en el centro, de forma que dibujen un rectángulo, pero no lo llenes demasiado o no podrás cerrarlo bien.

3. Para hacer el rollito, cubre primero la parte corta del rectángulo. Al humedecerla, la oblea se vuelve elástica y es más fácil de trabajar. Cubre el centro con una de las alas que te quedan y, con la otra, cierra el rollito.

Acompaña estos crujientes y frescos rollitos de *crudités* con el aliño que más te guste. ¡Diviértete y sorprende a tu paladar!

Smoothie bowl de frutas

Receta rápida

Tiempo de elaboración: 5 minutos

Sin cocción

Requiere batidora o procesador de alimentos

Un *smoothie bowl* es un batido que ponemos en un bol y acabamos de preparar con ingredientes «decorativos». Es un desayuno muy completo y nutritivo, y te recomiendo que dediques tiempo a saborear cada cucharada. ¡Merecerá la pena!

Ingredientes

1 plátano congelado
170 g de fresas congeladas
100 ml de leche vegetal
1 cucharada sopera de semillas de chía molidas
1 cucharada sopera de semillas de lino molidas
1 cucharada sopera de semillas de cáñamo peladas
Coco deshidratado
Un puñado de fresas, frutas del bosque o cerezas frescas

Modo de elaboración

1. Pon la fruta congelada y la leche vegetal en la batidora o el procesador de alimentos y bate hasta obtener una textura homogénea y sin grumos.

2. Vierte el contenido en un bol. Lava las piezas de fruta fresca y córtalas por la mitad.

3. Coloca las semillas, el coco y la fruta fresca de forma ordenada y visualmente atractiva. ¡Desayunar será toda una experiencia visual!

Crema ligera de cacao

Porque darse un capricho de vez en cuando nunca está de más, y si es rápido y saludable… ¡muchísimo mejor! Esta ligera crema de cacao es deliciosa y perfecta para tomar con una tostada de pan o acompañada de un bol de frutas.

Ingredientes

1 aguacate mediano muy maduro
2 cucharadas de cacao puro en polvo desgrasado
70 ml de leche de coco con su nata (agita bien la lata)
20 g de frutos secos troceados
1 dátil natural
Sirope de arce o edulcorante al gusto (opcional)

Modo de elaboración

1. Mezcla todos los ingredientes hasta obtener una crema sedosa y sin grumos. Puedes añadir la leche de coco poco a poco hasta conseguir la textura que más te guste.

2. Para servir, añade tus frutos secos favoritos troceados por encima.

Variación: crema de cacao alta en proteínas

Puedes conseguir una versión baja en grasas y alta en proteínas cambiando el aguacate por 170 g de tofu sedoso.

Agradecimientos

Este libro es solo un pasito más de una aventura que empezó hace mucho tiempo, pero que realmente tomó forma con el proyecto de Mi Dieta Vegana. ¡Un paso enorme en realidad! Y espero, de corazón, que sea el primero de muchos.

No hay espacio suficiente para dar las gracias a la cantidad de gente que me ha ayudado en este camino: seguidoras, amigos y amigas, familiares, incluso archienemigas. Gracias.

A toda la gente que me hace la vida más fácil, a pesar de hacerlo desde la distancia o en un chat de WhatsApp. Vosotros me habéis demostrado que internet sí es la vida real.

A todas las blogueras e instagramers veganas que hacemos piña y nos ayudamos porque creemos que otra manera de hacer las cosas es posible.

Y mil gracias a ti, por comprar este libro y ayudarme a difundir una forma más ética, sostenible y saludable de vivir. Y recuerda que, si algún día ya no te sirve este libro, siempre se lo puedes prestar a alguien.

Gracias a Rafa y a Laura por el apoyo incondicional que me brindan en cualquiera de mis aventuras. Con vosotros cualquier reto parece posible y cualquier fracaso es una nueva oportunidad.

Y, por último, gracias también a Birkin Llull, Lemmy Crockett y Dixie Pixie, los peludos que me acompañan. A vosotros os dedico este libro. Por vosotros he llegado hasta aquí.

Esperamos que hayas disfrutado de las recetas de Marta Martínez. Recuerda que también puedes seguir a Kitsune Books en redes sociales o suscribirte a nuestra *newsletter*.

Primera edición: marzo de 2017

© Marta Martínez, 2017
© de esta edición, Futurbox Project S.L., 2017
Todos los derechos reservados.

Fotografías y logotipo: Marta Martínez
Diseño de cubierta: Taller de los Libros

Publicado por Kitsune Books
C/ Mallorca, 303, 2º 1ª
08037 Barcelona
info@kitsunebooks.org
www.kitsunebooks.org

ISBN: 978-84-16788-12-5
IBIC: WB
Depósito Legal: B 3529-2017
Preimpresión: Taller de los Libros
Impresión y encuadernación: Gráficas Cems
Impreso en España – *Printed in Spain*